ネットで見たけど これってホント？

③ 生活のメディアリテラシー

北折 一 著

へ〜！
知らなかった

えー
そうなの？

少年写真新聞社

はじめに

北折 一

便利すぎる時代、です！

テレビを見ているときや友達との雑談中にでも、ふと気になることがあったら、サッとスマホを取り出して、ピッ。わからないことは何でも「検索」すれば、インターネットが0コンマ何秒かで教えてくれます。しかも、ラインやフェイスブックその他のSNS*の発達で、知りたいと思っていなかった情報まで飛びこんでくるようになりました。

"すると！ いかにも真実かのような情報に
出会ってしまい、信じこんでしまう
可能性が、ネットの世界では
ぐんぐん高まってきたのも事実です"

何の疑問もなく便利に使っているものが、「とんでもなくキケン」と書かれていたり、実際にやってみると何の効果もないものが、「とても有効だ」とされる情報が出回っていたりすることもあります。それって、どうしてなんでしょう!?

＊SNSとは、ラインやツイッターなど、インターネット上でさまざまな人と交流する場を提供するサービスのこと。

マスコミの情報が必ずしも正しいとは限らない、という考えが広がってきた時代でもあります

マスコミとネットのちがい

マスコミの場合は、その会社のエラい人の方針や、スポンサーの意見などによって、情報がゆがめられてしまう可能性も、ないわけではありません。その点ネットでは、だれかに干渉されることなく、マスコミが伝えない「真実」も伝えることができます。

うそだけど
ネットに
のせちゃおう

ただ一方で、ネットの場合は、自分が勝手に正しいと信じこんだ情報を、そのまま広めてしまったりする人も多いのです。なかでも、SNSで親しい友人や信頼できる人が「シェア（ほかの人が書いた文を自分の情報として紹介）」していたり、「いいね！」をおしたりしている情報は、ついつい信じたり、「おつき合い」で自分も「いいね！」をおして、その意見に同調している人数を増やすのに加担したりしがちです。

"そうなってくると、ますます何を信じたらいいかわからない、どうすればいいの!?"

そこで!! この本では、ネット上でよく見かける、「これって本当なのかなー!?」と思っちゃうようなネット情報を集めて、みなさんがどう考えればよいのか、どう疑えばよいのかを、ガイドしていきます。

第3巻では、「携帯電話は電磁波が出るから、危険？」、「地震には、まず防災グッズ？」など、身近でありながらも実際どうなのかが気になる話題を取り上げます。

「みなさんの生活をよりよくする情報」を、しっかり見分けるためには、何が必要か、どんな考え方をすればよいのかを、ぜひ知っておいてください。

ネットで見たけど これってホント？
❸ 生活のメディアリテラシー

もくじ

はじめに	2
この本の使い方	5
熱中症予防には、吸収のいいスポーツ飲料がいい？	7
耳かきは危険なので、やってはいけない？	11
冬はあせをかかないから、洗たくの回数はへらしていい？	15
暗いところで本を読むと目が悪くなるというのはウソ？	19
ペットボトルで蚊を集められる？	23
飛びついて、まき散らす……その前に!!　リテラくんのリテラシー白熱教室	27
静電気は木で防ぐ？	31
携帯電話は電磁波が出るから、危険？	35
つめの白い部分を見れば体調がわかる？	39
地震には、まず防災グッズ？	43
多少雑音があったほうが集中できる？	47
化学物質は危険なので、とにかくさけるべき？	51
リテラくんのSNSで大事なことは？　講座	57
さくいん	61
おわりに	62

【おとなの皆さまへ】

　本書で取り上げる内容については、「科学的視点」からは「どちらとも言えない」としか言いようのないものが多くふくまれています。実験や測定によっては、正反対の結果が出ることもあるからです。また、ヒトの体の反応などは実験を行うことができない場合が多く、動物実験や疫学調査などのデータから推測するしかないケースも多くあります。もちろん、時間がたてば研究が進み、真偽が逆転することも多々あります。

　本書は、「これってホント？」というスタイルを取っていますが、必ずしもそれらについて「正しいか正しくないかで区別する」のではなく、「どう考えるか」の問題として、考え方の道筋を示すように構成しています。

　「伝え手の意図」が混入していない情報は、この世にはひとつも存在しません。ネット時代、ありとあらゆる情報が、どこの誰かがわからない人たちのさまざまな思惑で、発信されまくるようになりました。いい加減な情報に安易にとびつかないことが大切なのはもちろんのこと、そうした情報が減って人々の幸せな暮らしに役立つ情報が増えていくことが望まれます。そのためにも、成長段階にある子どもたちには、「多面的にものごとをとらえる練習」が、ますます重要になってきています。本書がその一助になれば、と切に願っております。

この本の使い方

こちらはリテラくん！ネット情報の読み方を教えてくれるよ！

どうも!!

リテラとは、リテラシーの略だ。リテラシーというのは、あたえられた情報を活用する能力のことをいうよ。情報の読み取り方を考えていけるようになろうね！

はじめのページ

ネットで見かけたある情報に対して、その意見を信じる子と疑っている子のふたりが、おたがいにどう考えているのかを伝え合う。

ふたりの意見を聞いたうえで、リテラくんが、この情報に向き合う時のポイントを教えてくれる。

まん中のページ

文章や図などで、この情報のくわしい説明や正しい内容を理解することができる。

リテラくんが新たな視点や考え方などを示してくれる。

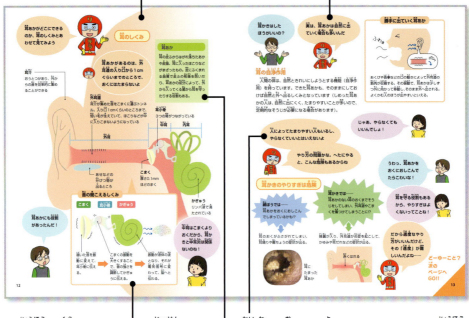

ほかの情報と比べてみたり、実験をしたりすることで、情報の科学的な根きょなどを調べていく。

会話を追って読んでいくことで、情報に対してどう疑問を持っていくのか、確信していくのか、考えの道すじがわかる。

最後のページ

リテラくんが、（この情報に限らず）同じような問題点をかかえた情報を読みとく時に、注意したいことをまとめて説明している。いわゆる、情報リテラシーやネットリテラシーという面から考えるポイントとなる。

＊必ずしも取り上げた情報が正しいかまちがいかということにはならない。

熱中症予防には、吸収のいいスポーツ飲料がいい？

信じる！ | 信じない！

スポーツ飲料は、体の体液に成分が近いから吸収しやすいっていうし、熱中症予防にはこれでしょ！

わざわざ買わなくても、別に水や麦茶でもいいんじゃないの？

あせで塩分がなくなっちゃうから、水分だけじゃダメだよ！

熱中症には塩がいい！

ああ、そっか、あせで塩分も出ちゃうのか。じゃあ、水だけじゃダメなのかな

そうだよ！ 足りなくなったものもおぎなえるスポーツ飲料を飲んでおけば安心でしょ！

塩分が足りないっていわれると心配になるけど、なんか商品の宣伝におどらされている気もするな〜

どうなの？リテラくん！

熱中症対策には、まず水分をとる。これは大事だね。それがスポーツ飲料であるべきかどうかだね。清涼飲料をだらだら飲むことでほかの問題が起こらないかを考える必要があるし、熱中症予防にはもうひとつ、多くの人が誤解している大問題もあるぞ。

熱中症で病院に運ばれた人 （計5万5852人のうち）

- 0.9% 7歳未満／505人
- 13.1% 7歳以上18歳未満／7333人
- 35.8% 18歳以上65歳未満／1万9998人
- 50.2% 65歳以上／2万8016人

「平成27年（5～9月）の熱中症による救急搬送状況の概要」（東京消防庁）より

 熱中症の人がどのくらいいるのかを見てみよう

 熱中症の人って、こんなにいるんだ！

熱中症にならないためにも、外であせをかいたら、やっぱり吸収のいいスポーツ飲料でこまめに水分をとらないと！

それがね、スポーツ飲料は水分をとるためにこまめに飲むには、向かないかもしれないよ。スポーツ飲料の栄養成分を見てごらん。注目はこれ！

栄養成分（100mL当たり）
炭水化物　6.2g
ナトリウム　49mg
カルシウム　2mg

 炭水化物？

これは糖分のことなんだ。つまり、これだと、1本（500mL）当たり、砂糖にして約30g入っているってこと！

スティックシュガーで約10本分！

 えー！糖分がそんなに入っているんだ！

実は糖分が多いスポーツ飲料

　スポーツ飲料は、100mL当たり約25kcal（砂糖約6ｇ）と、意外に糖分が多く入っています。これは、スポーツや重労働をした時に、あせで失った水分を吸収しやすくするだけでなく、エネルギーを補給するための飲み物だからです。だから、運動をしない人が熱中症の予防のために、ふだんの生活の中で毎日だらだらと飲み続けると、むし歯や糖尿病、肝炎などになる危険も出てきます。

炭水化物って書いてあると気がつかないね

むし歯や酸しょく歯（1巻28ページ）のことを考えると、スポーツ飲料は、毎日飲み続けるには向かないかな

そっかー！でも、糖分が多いって大事なことじゃないの？

いや、それもどうかな。実はこんなデータがあるよ

糖の濃度と水分吸収にかかる時間

糖分が多すぎても、水分の吸収がおそくなるんだ！

水道水	23分24秒
塩0.45％＋糖2％	15分
糖5％	24分42秒

時間

少量の塩分と少量の糖分をふくんだ水は、水道水よりもかなり早く吸収されるが、糖分を5％ふくんでいると、水道水より吸収がおそい。

「経口補水液投与による循環血液量の変化」
（京都府立医科大学・森田雅弘先生ほか）より

あせの成分

そのほか（塩分やアンモニアなど）

水 99％以上

スポーツ飲料は、糖分の量に注意をする必要があるね

あともうひとつ！あせをかいた時の塩分の補給にも誤解があるよ

どーゆーこと？次のページへGO!!

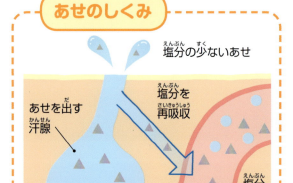

あせのしくみ

塩分の少ないあせ
あせを出す汗腺
塩分を再吸収
塩分
水分
血管
吸収

あせで塩分が出ていっちゃうから、とらなくちゃいけないんでしょ？

汗腺は、血液から水分や塩分を吸収し、あせとして外に出すが、その前に、塩分を血液にもどしている（再吸収）。

ちょっとしたあせなら、失う塩分は少ないよ

ちょっとしたあせなら塩分不足にならない

　熱中症予防で塩分補給が必要といわれているのは、暑いところではげしい運動や作業をする場合。大量にあせが出ると、汗腺から血液への再吸収が間に合わなくなり、塩分が多く失われてしまうからです。塩分は心臓や体の筋肉を動かすために必要で、不足するとけいれんなどの危険があります。しかし、ふだんの生活でかく程度のあせでは、塩分を気にする必要はありません。そもそも、日本人は食事で塩分をとりすぎているので、必要以上に塩分をとると、高血圧などの危険も出てきてしまいます。

あせってしょっぱいから、塩分がけっこう出ているのかと思ってた

あせの水分は蒸発しちゃうから、塩分が濃縮されてしょっぱく感じるんだ

そっか！　じいちゃんにも教えてあげようっと！

リテラくんからみんなへ

スポーツ飲料が体に吸収されやすいと言われれば、スポーツ飲料、スポーツ飲料……で、そこばかりに注目して、糖分のとりすぎによるえいきょうを見落としてしまう。塩分が足りないと危険と言われれば、どういった場合に足りなくなるのかは無視して、塩分補給、塩分補給……。何か情報が出るたびに、目につく一部の情報だけにおどらされてしまいがち。流される情報をただ受け取るだけではなく、持っている知識と照らし合わせて本当に必要かどうかを考えないといけないね。

耳かきは危険なので、やってはいけない？

信じる！ | 信じない！

耳かきのしすぎで耳が痛くなることもあるからね。やらないほうがいいんじゃない？

でも、耳かきをしないと、耳あかがたまっちゃうじゃん！やったほうがいいよ

でも、耳鼻科の先生のブログでも危険だって書かれていたから、本当だよ！

難ちょうの危険も！

え〜！ そうなの？でも、耳あかがたまったら、音が聞こえなくなっちゃいそうだけどな

そんなことないよ！耳かきで中耳炎にだってなるかもしれないよ！危険があるならやらないほうがいいよ！

う〜ん、耳を清潔にしているだけなのに、何が悪いのかな

どうなの？リテラくん！

耳の中をきれいにしているのに、なぜ危険と言われるんだろう。それには、耳あかについて誤解されていることがあるんだ。

耳あかがどこにできるのか、耳のしくみとあわせて見てみよう

耳のしくみ

耳あか
耳の皮ふからはがれ落ちたあかや皮脂、耳に入ったほこりなどがまざったもの。皮にふくまれる脂質で皮ふの乾燥を防いだり、耳あかの成分によって、外から入ってくる菌から耳を守ったりする役割もある。

耳あかがあるのは、外耳道の入り口から1cmぐらいまでのところで、おくにはたまらないよ

耳介
おうとつがあり、外からの音を効率的に集めることができる

外耳道
耳介が集めた音をこまくに運ぶトンネル。入り口1cmくらいのところまで、短い毛が生えていて、ほこりなどが中に入りこまないようになっている

耳小骨
3つの骨がつながっている

外耳 ／ **中耳** ／ **内耳**

あせなどの分ぴつ物が出るところ

こまく
厚さ0.1mmほどのまく

かぎゅう
リンパ液で満たされている

音の聞こえるしくみ

こまく　耳小骨　かぎゅう

届いた音を振動に変えて、耳小骨に伝える。 → こまくの振動を大きくすることで、音の強さを調節してかぎゅうに伝える。 → 振動が液体の波となり、それが電気信号に変わって、脳へと伝わる。

耳あかにも役割があったんだ！

中耳はこまくよりおくだから、耳かきと中耳炎は関係ないのね！

12

耳かきはしたほうがいいの？

実は、耳あかは自然に出ていく場合も多いんだ

勝手に出ていく耳あか

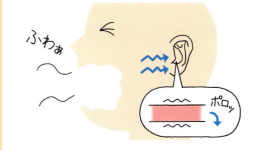

あくびや食事などの口の動きによって外耳道の筋肉が収縮する。その振動で、耳あかは少しずつ外に向かって移動し、そのまま外へ出される。よくかむ人のほうが出やすいといえる。

耳の自浄作用

人間の体は、自然ときれいにしようとする機能（自浄作用）を持っています。できた耳あかも、そのままにしておけば自然と外へ出るしくみとなっています（しめった耳あかの人は、自然に出にくく、たまりやすいことが多いので、定期的なそうじが必要になる場合があります）。

じゃあ、やらなくてもいいんでしょ！

人によってたまりやすい人もいるし、やらなくていいとはいえないよ

やり方の問題かな。へたにやると、こんな危険もあるからね

うわっ、耳あかをおくにおしこんでたらこわいな！

耳を守る役割もあるから、やりすぎはよくないってことね！

耳かきのやりすぎは危険

綿ぼうでは……
耳あかをおくにおしこんでしまっているかも!?

↓

耳のおくがふさがれてしまい、耳鳴りや難ちょうの症状が出る。

耳かきでは……
耳あかのない耳のおくまでそうじをしてしまい、外耳道やこまくを傷つけてしまうことに!?

↓

雑菌が入り、外耳道が炎症を起こして、かゆみや耳だれなどの症状が出る。

だから適度なやり方がいいんだけど、その「適度」が難しいんだよね……

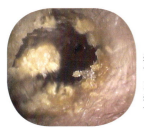
耳にたまった耳あか

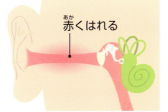
赤くはれる

どーゆーこと？次のページへGO!!

適度って何？

耳あかには、2つのタイプがあるよ

耳あかのタイプ
耳あかは、カサカサとしたドライタイプと、しめったウェットタイプがある。欧米人にはウェットタイプが多いのに対して、日本人の80％以上はドライタイプだと言われている。

やりすぎない
やりすぎは耳の病気を引き起こす原因になるので、ほどほどに。

 やりすぎる人は、このことを意識したほうがいいね

すわった状態で
横になってやるのは、耳あかがこまくに落ちる可能性があるので危険！

見えない部分だけに、感しょくの気持ちよさだけをたよりにやると、その気持ちよさを求めて、やりすぎてしまうおそれがあるんだ。しょっちゅう耳かきをやりたくなるようなら、「適度」をこえている可能性大!! 気をつけよう！

耳の入り口あたりを軽く
耳かきや綿ぼうはおくまで入れず、入り口1cm以内のところからやさしくなぞる。

お父さんは、ねてやっているから言っておかないと！

＊耳あかが取れにくかったり、耳あかをおくにおしこんでしまったりした時に、無理に取ろうとすると、耳を傷つける危険があるので、耳鼻科の医師にみてもらいましょう。

リテラくんからみんなへ
耳かきは、やってはいけないとは言えないようだね。やり方によっては、体にえいきょうがあるかもしれないから、その危険性を知ってもらうために大げさな表現で伝えているのかもしれない。これをきっかけに、耳の構造や、耳あかって何なのか、どこにできるものなのかを知ることができたのはよかったね。そもそも、何のためにやっているのかを知らなければ、やり方も何もないからね。

冬はあせをかかないから、洗たくの回数はへらしていい？

信じる！

洗たくをすればするほど、布をいためるから、へらしたほうがいいんじゃない？

洗たくの電気代や水道代ももったいないから、へらせる時期はへらしたほうがいいよ

**エコライフ
洗たくをへらそう！**

そうなの？　でも、冬はかわきにくいし、乾燥機も使うから、エコ対策を考えると回数はへらしたほうがいいよ

信じない！

えー!?　あせだってちょっとはかいてるだろうし、洗わないのはどうなのかな？

でも、冬のあせもくさいっていう記事もあるよ！

**実は夏よりくさい!?
冬のあせ！**

エコっていってもね。やっぱり、着たら洗たくはしたほうがいいと思うんだけどな

どうなの？リテラくん！

たしかに、エコ対策も大事だね。一方で、冬と夏のあせの質がちがうっていう情報も気になる。どう考えればいいのかな？　あと忘れがちだけど、重要なポイントがひとつあるよ。

まず 服についた よごれを 見てみよう

服についた目に見えないよごれを見る実験だよ

服に特殊なスプレーをかけると
（ニンヒドリン溶液）

うわっ！

あかやあせでよごれている部分がむらさき色になるよ

見えないけど、よごれているんだね！

あせをかいていないつもりでも、それなりに冬でもあせをかいているんだよ

冬にもあせをかく!?

冬は気温が低いので、体温を維持しようとしてエネルギーを消費するため、体温に近い温度の夏より代謝が少しよいといわれています。そのため、厚着をしていると、ちょっとした運動であせをかきやすくなります。また、外と室内の温度差も大きいので、それもあせをかく原因となります。

でも、そんなにあせくさいイメージはないけど……？

そうだよね。でも、冬のあせは、夏と質がちがっているから、少し注意も必要なんだよ

あせのしくみは熱中症（10ページ）のところで見たよね

あせの塩分の量にちがいがあるんだ

冬のほうがベタベタしやすいのか！

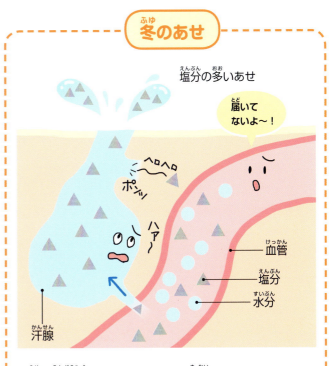

冬のあせ

塩分の多いあせ

届いてないよ〜！

血管
塩分
水分
汗腺

冬は運動量がへり、あせをかく機会もへる。そのため、汗腺の機能が弱くなって、塩分をうまく血液にもどせず、塩分の多いあせとなって出る。

冬服はあせが蒸発しにくいためにおいの原因に

冬は厚着をしているうえに、あせに塩分を多くふくんでいるので、夏に比べて出たあせが蒸発しにくくなります。あせが皮ふにたまると、雑菌がはん殖しやすくなり、それがにおいのもとになります。

じゃあ、やっぱり洗たくの回数はへらさないほうがいいんじゃないの？

においが気になったら洗ったほうがいいかもしれないけど、特殊なスプレーをしないと見えないよごれを気にして洗うべきか、エコを重視するかは、家族とも話し合うのがいいね

そんなことよりも、見落とすと残念すぎるポイントがひとつあるよ！

どーゆーこと？次のページへGO!!

17

これはうっかりしがちなんだけど、

冬服をしまう時には、特に念入りに洗たくをしておかないと、もったいないことになっちゃうよ

黄ばみの原因

― 目に見えない皮脂よごれ

＋

空気中の酸素

化学反応（酸化）

― 黄色く変色！

時間がたつと、リンゴが黄ばむのと同じ

特にシャツやセーターなどの首まわりは、ぬぎ着する時に、顔や首の皮脂がつくので黄ばみやすい。

うわっ、すごい黄ばんでる！

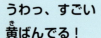

洗たく回数はそれぞれで考えればいいけど、半年後に黄ばんでしまった！というのは防いでおきたいよね

こんなもったいないのはいやだな！しまう時はしっかり洗たくをしないといけないんだね

リテラくんからみんなへ

エコ対策で洗たく回数をへらすのも、一度着たらよごれが気になるからと毎回洗たくするのも、「考え方の問題」で、どちらが正しい、まちがっているということはないよ。これまでの自分の価値観だけではなく、いろいろな視点で物事を考えられるようにしよう。ただし、大切なポイントをおさえておかないと、せっかくのエコ対策がむだになってしまうよね。

暗いところで本を読むと目が悪くなるというのはウソ？

信じる！

そういってる記事もたくさんあるし、ウソなんでしょ！

「暗いところで読むと視力低下はウソ！」
「目が悪くなるというしょうこはない！」

昔のほうが暗いところで読んでいたはずなのに、目が悪い人が少なかったって書いてあるよ！　暗い明るいは関係ないんだよ

「昔の人は目が悪くなってない！」

ぼくは暗いところで読んだこともあるけど、視力は悪くないよ

信じない！

でも、目が悪くなるって昔からずっと言われているのは、実際にそうだったからでしょ。暗いところで読むのはだめだよ

視力が落ちたのに気づいてなかっただけじゃない？　視力検査もなかっただろうし

えー！　わたしは暗いところで本を読むと目がつかれて、見えにくくなるよ。やっぱり視力は落ちるよ！

どうなの？リテラくん！

「昔からよく言われていたことがウソだった」というのも、ネットでよく見るね。眼科の医師が「エビデンス（科学的なしょうこ）がない」と書いていると、「なんだ、ウソだったのか」と思いたくなるのもたしかだ。この話題は成長期のみんなにとても大事な問題だから、目をよーく見開いて読んでほしい。

目が悪くなるというのは、こういうことだよ

目の中がカメラみたいになっているんだよね

もののみ方

物を見る時、目に入ってくる光が角膜と水晶体を通る際にくっせつして、目のおくの網膜で焦点が結ばれる。

はっきり見える

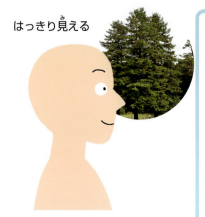

〈ものを見る時の目の断面〉

網膜／角膜／水晶体

目が悪い（近視）

屈折性近視

水晶体が厚く、レンズの調節がうまくできないため、ぼやけて見える。

強度近視

眼球が横長になって、角膜でのくっせつも強いので、網膜より手前で焦点が結ばれ、ぼやけて見える。

近視になる最大の原因は？

遺伝的な体質もありますが、「近くを見続ける」ことだとされています。特に幼少期からの成長期に、近くのものばかりを見る生活だと、それに合わせるように、眼球が横長になってしまいます。近くを見続けると、水晶体の形がふくらんでもどらなくなるということも知られています。

近くを見る時、毛様体筋という筋肉によって水晶体が厚くなる。ずっと近くを見ていると、この筋肉がきんちょう状態になってもどらなくなる場合がある。

毛様体筋

これらの原因については、動物実験や多くの人の生活を調査した研究で、明らかなしょうこだといえるんだ

じゃあ、暗いところは関係ないの？

暗いところで本を読む時の目の状態

明るいところで 近くのものを見る時
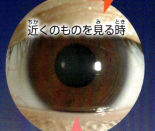

- 瞳こう
- 明るいところでは瞳こうをしぼる
- 水晶体は厚くなる

しかし →

瞳こうや水晶体がきんちょう状態になっている

暗いところで 近くのものを見る時
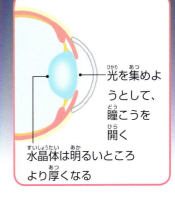

- 光を集めようとして、瞳こうを開く
- 水晶体は明るいところより厚くなる

目がぼやけたように感じるのは、一時的なんだ

目がつかれて、一時的にぼやける

あれ？視力が落ちた!?

う～ん

ほら!! やっぱり目が悪くなるしょうこはないんだよ！

でも、暗いとつい目をぐっと近づけちゃうでしょ！だったらやっぱり悪くなるよ！

暗いところで目が悪くなるしょうこはないの？
ヒヨコを暗いところに入れて、90日間育てたところ、たしかに眼球が横長になって、近眼状態になっていた、という実験結果などがあります。

これは人間でいえば、幼少期から何年もずっと暗いところにいた場合の話なんだ

そう、実はそこが、この問題で一番キケンなポイントなんだよ

これって、やっぱり悪くなるってことなんじゃないの？

ふつうの人は明るいところで活動するし、毎日何時間も暗いところで読む人もまずいないしね

どーゆーこと？
次のページへ
GO!!

21

悪くなるというしょうこはない……

だからといって!!

昔の人が、暗かったのに視力がよかったというのは、「遠くのものをよく見る生活だった」という事実をすっ飛ばした、かたよったりくつなんだ

「悪くならない」というわけではありません。実をいうと、ネットの記事でも「悪くならない」という科学的なしょうこは書かれていないのです。暗いところで本を読む際は、集中してしまって周りを見なくなるうえ、必要以上に目を近づけるので、近視の原因にもなりかねないのです。

そりゃそうだよね。近くばかり見るのが、近視の原因だからね

遠くを見るとかで、目を休ませないといけないんだね

パソコンやスマホは目に負担がかかる

スマホやタブレットなどでゲームをする人が増えています。画面が小さいこともあって、テレビでゲームをしていた時よりも、目を近づけてしまいます。さらに、ゲームは夢中になって長時間画面を見続けてしまいがちなので、本を読む以上に目に負担がかかります。暗いところでこっそりやるのは、「キケンな状態」といえます。

目をはなさずにむちゅう〜

実は、遠くのものを見る時に、目の筋肉はリラックスするんだ。外で過ごす時間が長いと、近視になるのを防ぐというエビデンスもあるんだ!!

ゲームを始めると、夢中になるから気をつけないと

しかも、成長期の真っ最中だもんね……

リテラくんからみんなへ

「しょうこがない」イコール「ウソだった」ではないんだ。当たり前すぎてきちんと調べられていないことも、たくさんあるよ。「ウソだった」と書いてある記事も、よくよく読むと、ほとんどが「暗いと近くで読むことになるから気をつけよう」と書いてある。でも、センセーショナルな分、「今までの常識はウソだった」の部分だけがひとり歩き（→27ページ）してしまう可能性もある。「暗いところでもだいじょうぶだったんだ」の部分だけを受け取って、夜中に読書やゲームに熱中しないようにね。

ペットボトルで蚊を集められる？

信じる！

外国でやってるやつでしょ？ネットで見たけど、すごく集まってたよ！

ペットボトルで蚊が取れた！

数万人の命を救ったっていうよ！すごい発明じゃん！

それは、日本でやっている実験みたいだから、ダメだったんじゃない？

信じない！

二酸化炭素で蚊を集めるっていうしくみはわかるけど、ネットの写真、あれ全部蚊なの？

でも、実際にやってみたら効果がないっていう意見もけっこうあるよ

蚊取りボトルはインチキ!?

外国の蚊しか取れないっておかしいでしょ！

どうなの？リテラくん！

ネットでは、蚊が大量に取れたという写真つきで記事が出たから、話題になったけど、どうなんだろう。それにしては、日本では情報が広がっている割に、実行する人はほとんどいないようだね。

まず ペットボトルで蚊が取れるのかためしてみたよ

ネットで見たやり方で蚊が本当に取れるのか、ためしてみると……

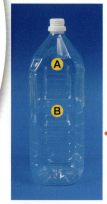

❶ ペットボトルを2つに切って、Bに湯200mLと砂糖50gを入れて、とかす。

AとBの切り口には、ビニールテープを巻く

砂糖

砂糖は完全にとかすよ

湯

用意するもの

ペットボトル（1.5L〜2L）
湯　200mL
砂糖　50g
ドライイースト　2g
カッター
ビニールテープ

❷ 湯が40℃くらいに冷めたら、ドライイーストを入れて発酵するのを待つ。

ドライイースト

発酵までに1時間から半日くらい

❸ 発酵が始まったら、Aの部分をさかさにして、Bにさしこめば完成。

発酵するとプクプクあわ立つ

このまま蚊が出そうなところに置いておく。
（雨風はさける）

蚊が取れるというしくみとは……

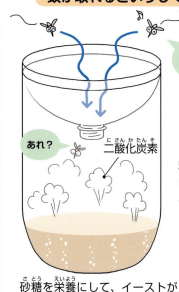

二酸化炭素だ！

あれ？
二酸化炭素

蚊が、二酸化炭素にひかれて、中に入ってくる。

砂糖を栄養にして、イーストが発酵し、二酸化炭素が発生する。

蚊は二酸化炭素にびんかんで、それをたよりに動物に近づく性質はあるね

じゃあ、この方法ならバッチリ蚊が寄ってきて入るよね！

たしかに、りくつで考えると、この方法で取れるはずだよね

実験の結果を見てみよう

え……？
あれ……？
これって、蚊？
何かちがわない？

1週間後のペットボトル

蚊じゃない？

しかも4ひきだけ……

蚊じゃないよね……。
しくみを考えたら取れると思ったのに、なんで？

蚊は二酸化炭素に寄ってはくるけれど……

たしかに蚊は、二酸化炭素にびんかんに反応し、近づく性質があります。これは、血を吸う対象となる生き物を見つけるためです。ただ、近づいたあとは、はだの位置を探り、さすために、二酸化炭素ではなく、あせにふくまれる成分や体温を感知していると考えられます。二酸化炭素の発生源の液体までたどりつこうとするわけではないのです。

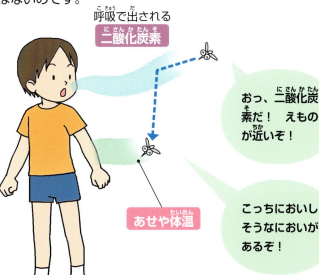

呼吸で出される **二酸化炭素**

あせや体温

おっ、二酸化炭素だ！ えものが近いぞ！

こっちにおいしそうなにおいがあるぞ！

二酸化炭素は蚊をおびきよせるだけということだね

えー!? それじゃあ、これを家の周りに置いたら、近所の蚊が集まってきちゃうだけじゃん！

この方法では、蚊が取れないのに、なぜ数万人の命を救ったという情報が出てしまったんだろう

知りたい君は次のページへGO!!

同じタイミングで死者がへったが……

ネット上では、フィリピンのある会社が、予防法としてペットボトルで蚊を取る方法を市民に伝え、設置してもらったところ、その時期のデング熱の感染が大はばに減少し、死者もへったかのようにいわれています。しかし、現地では、政府や世界保健機関（WHO）、その他の機関により蚊による感染症をへらすさまざまな対策が行われているほか、適切な医りょうを受けやすくしているため、感染しても死亡する率が激減しているのです。一方患者数は増えているという報告もあるので、ペットボトルが蚊をへらしたと考えるのは大まちがいといえそうです。

> フィリピンでは、デング熱などの蚊による感染症でなくなる人が多いんだ

> この方法を使い出した時期に、デング熱の感染者が前年の同じ時期に比べて55%もへり、なくなる人も38%へったという報告があるんだ

> 感染者がへったっていわれると、効果があると思っちゃうよね

> 方法も簡単だから、飛びつきたくなる気持ちもわかるな

> 情報の信ぴょう性を高めるために、関係ないデータを利用する例はほかにもありそうだね

> どうやら、情報を流した会社が、好感度を上げるため、社会貢献をしているという宣伝に使われたみたいだね

タバコで寿命がのびる!?

喫煙と寿命は関係ないという情報を信じてもらおうとして、女性の喫煙率が上がったデータに、同時期に出た日本の平均寿命が大はばに上がったデータを合わせて出し、信ぴょう性を高めようとした例があります。タバコががんや心臓病の原因になることがわかっていても、データの見せ方ひとつで、もしかしたらいわれるほど寿命にはえいきょうがないのかも、と思う人が出てもおかしくありません。

リテラくんからみんなへ

デング熱は日本でも話題になったから、二酸化炭素に蚊が寄ってくるという一部の事実と、数字などでも結果が出たという情報が示されてしまうと、「そうなんだ！」と信じてしまいたくなるのもわかる。でも、入ってきた情報をそのままうのみにするだけではなく、別の意見を探すなど、いろいろ調べてみることが大事だよ。

飛びついて、まき散らす……その前に!!
リテラくんの リテラシー白熱教室

これまで、見てきた(アヤシイ)情報について、なぜ広がってしまうのか……。まとめてみると、パターンが見えてくるよ

拡散*1されやすい情報とは
① 困ってる人が多くて飛びつきやすいもの
② 常識が変わってビックリ!!
③ みんな知らないけど、実はキケン!!

月　日　(　)

23ページの「ペットボトルで蚊を集められる?」なんかは、①のようにも見えるけど、実際は②かな。②から見ていこうか

う〜ん、たしかにおもしろい情報だと、人に教えたくなっちゃうもんね

*1　インターネット上で、情報が広がっていくこと。
*2　SNS(2ページ)内のサービスで、見た情報をおもしろいと思った人が「いいね!」ボタンをおすと、つながっている友人などにその情報が伝わっていく。

http://■■■■■■■■■■■■■■■

② 常識が変わってビックリ!!

「ビックリ!」「おもしろい」だけで無責任に拡散

　殺虫剤で殺すか虫よけくらいしか方法がないと思っていた蚊を、「おびきよせてつかまえる」、しかも「まさかのペットボトルで」というおどろきの方法。これが単に、「フィリピンが国をあげてボウフラの発生する場所をへらした」「医りょう費を補助して、感染拡大を防いだ」という情報だったら、それほど興味を持たれずに、あんなにたくさんの人が「いいね!*2」をおすことはなかっただろう。おもしろいと思った人が、無責任に情報を拡散させた典型といえるだろう。

パターンを見ながら、ネットの情報をどう疑ってみればいいのかを考えてみよう

いったん立ち止まって疑ってみる

蚊が求めているのが二酸化炭素ではないとわかれば、疑うのは簡単だ。もしも蚊が、二酸化炭素の発生源をねらって集まるなら、さされるのはいつも鼻や口の周りだけでなければおかしい。でも、実際には、顔からはなれた足元やうでをさされることのほうが多い。二酸化炭素で近づいた蚊は、その後「二酸化炭素以外の何か」を感知して、はだのさしやすい場所をねらってくると考えるのが適切だろう。動物の気配もない場所を蚊がおそうだろうか、とも。ちょっと考えてみれば、この情報がすぐに「アヤシイかも」とわかったはずだ。

拡散する前に、ちょっとだけ疑ってみればよかったんだけど。じゃあ、どう疑うのかというと、この場合、蚊がほしがっているエサは何？

動物の血液でしょ？メスが卵を産む時に吸うって聞いたよ

そう、二酸化炭素じゃないよね

あ！　そうか

安易に「いいね！」をおす前に……

写真が蚊じゃないとすると何なのか。コバエのようにも見えるけど、ハエの仲間は、飛ぶのも歩くのも蚊よりうまいから、入ったとしても、また出ていくことも多い。それなのに、写真では真っ黒になるほど取れているのはなぜ？　そう疑ってみると、「なんか不自然だなー」と考えたほうがいいとわかるだろう。そもそも、たくさんの人が命を落としてきた感染症に対して、そのほかの対策がさんざんとられてきたに決まっているのに、ペットボトル作戦だけでいきなり死者がへると考えるほうが、無理がある。そんなふうに疑ってみれば、簡単に「いいね！」をおさなくてすんだかもしれない。

ネットに出ていた、蚊がたくさん取れた写真も、「蚊じゃないかも」と疑って見れば、そう見えないはずだよ

あ〜、コバエっぽくも見えるね

③ みんな知らないけど、実はキケン!!

じゃあ、次に③のパターンを見てみよう。1巻の「炭水化物をぬくと、ダイエットできる？」や2巻の「砂糖をとるのをやめるとキレなくなる？」なんかが当てはまるかな

なるほどね〜

歴史的なことで言われると、「そーなんだ！」と思っちゃうかも

言われてみれば！　と思わせるフレーズに注意

身の回りのごくふつうのものを危険だという説は、「言われてみれば、そーかも！」と思わせるフレーズが使われていることが多い。炭水化物ぬきダイエットに関してだと、「人類に糖尿病が広がったのは、狩猟採集生活をやめて、米や小麦を栽培するようになったからだ」と主張していたりする。なんとなく説得力があるように聞こえるが、そんなに歴史があるのに、米や小麦は危険なのだろうか。そう疑ってみることが大事なんだ。

言われてみれば、と信じる前に自分でも調べてみよう

日本人は大昔から、お米を主食としてきたのに、糖尿病が増えたのはここ数十年。つまり、原因はほかにあると考えないほうがおかしい。ここ数十年の話ならば、むしろ欧米から肉食文化が入ってきたことのほうが、大きな原因かもしれないと疑ってもいいくらいなのに、なぜ肉や脂肪はどれだけ食べてもよくて、炭水化物だけを悪者にする説が出てくるのか、不思議なくらいだ。でも、結局そのことに気づかなければ、単純に「そーなんだ」と信じてしまう人が多いんだよね。「そーなんだ」と思う前に、「本当かな？」という疑問を持って調べてみることが大事だよ。

縄文時代まで、本当に魚や肉だけを食べていたのか。サルの仲間を見ればわかるでしょ。木の実や果実、ヤマイモやタケノコなんかも食べるよね

たしかに！

米や小麦も、それまで野生種をたくさん食べていたからこそ、栽培をするようになったに決まっているよね

調べてみよっと！

三内丸山遺跡を見ると、縄文時代の主食はクリだったって

それも炭水化物でしょ！

「牛乳は体に悪い？」説（2巻27ページ）も、改めて調べてみると……

あれ？「給食で牛乳をやめた」話題はたくさん出てくるけど……

「実は別の時間に飲んでる」って情報は、件数が少ないね

① 困ってる人が多くて飛びつきやすいもの

とにもかくにも、そんなにオイシイ話はない!!

ダイエットやニキビ、記憶力に集中力、がんを防ぐその他のあらゆる「カラダにいい」などなど。情報を流す側も、困っている人の目を引くように、やり方が巧妙になってきている。1巻や2巻で伝えた方法だけでは、ウソか本当か見分けがつかないこともあるし、身近な大人も信じてしまっていて、あてにならないかもしれない。オイシイ話はまず疑って疑って、さらに疑ってみること。否定している記事を検索してくらべてみること。その習慣をつけておくことが一番確実だね。

最後に、これ！

ネットで出回りやすいアヤシイ情報としては、①に当たるものが一番多いのかもしれないね

オイシイ話は信じたくなるもんね

「すっごくお得！」も同じようにアヤシイね

あやしそうな情報に出会ったら、①〜③のどのパターンに当てはまるのかを考えてみれば、自分がそれをまき散らす前にふみとどまれるよ。やってみてね！

エセ科学　ガセ　新事実　ねつ造　ホントかな？　調べてみよう　逆の意見はないかな？

はーい!!

静電気は木で防ぐ？

信じる！

玄関のドアとか、バチッてくるの、苦手だけど、木にさわればOKって書いてあったよ

http://
静電気は木にふれればOK！

かみなりは木に落ちるじゃん！ 木が電気を通すからでしょ！

でも、コンクリートや家のかべでも、電気をにがせるって体験談にのってるよ！

信じない！

木にさわってどうするの？ 電気なんだから、金属じゃないと通さないでしょ！

学校で習ったでしょ！ 木が電気を通さないのは常識だよ

静電気防止グッズで調べてみなよ！ 売られてるのはどれも金属だよ

どうなの？リテラくん！

たしかに、学校では木やゴムは電気を通さないって習うよね。でも、そんな常識だと思っていることを、疑ってみるのもおもしろいかも。「思いこみ」は、真実の道へのさまたげになる……ってこともあるからね。

あのバチッてくる静電気は、どうして起こるの？

じゃあ、まず静電気の起こるしくみを見てみようか

人が動くと……

衣服と衣服 / 衣服と人体 / くつと人体 **こすれあう**

いろいろなまさつによって電気が発生

静電気のしくみ

イタッ！

体にたまった電気は、地面に流れようとする性質があります。そのため、ドアや車の金属など、電気を通しやすいものにふれたしゅんかん、大きな電気が一気に流れていきます。

バチッ

地面にもどるぞ

静電気

まさつによって電気がたくわえられた場所が電気を通しにくい物質だった場合、電気はそこにとどまることになる。動かない電気なので、静電気というわけだ。ただし、空気中に水分が多い場合は、そちらに電気が流れるので、静電気はたまりにくい。冬の乾燥した時期は、空気中の水分が少ないので、静電気がたまりやすくなる。

「バチッ」のしゅんかんに静電気が起きてるんじゃなくて、たまっていたのが一点に集中して流れるのか！

バチッ

ふれなくても、近づいただけで空中を飛んで放電することも。

足から地面に流れそうなのに、なんで体にたまっているの？

実は、くつ底のゴムは電気を通さないよ。だから、足から地面に電気が流れずに、体にたまってしまうんだ

地面に行けない！

だから、たまった電気は、木にふれて電気をゆっくり体の外に流しちゃえば、バチッてこないってことなんだ！

でも、木は電気を通さないでしょ！

それはどうかな。かみなりはどう？

電圧が高ければ、木にも電気は通る

木も電気を通しますが、金属に比べると電気に対する抵抗がかなり大きいので、通りにくいのです。そのため、学校の実験で使う電池のような弱い電圧のものだと、電気が流れないのです。かみなりのように高い電圧のものだと一気に電気は流れます。

雲の中では、水の分子がこすれ合って電気が発生している。

たまった電気が地面に流れようとして、地上の木などに落ちる。

人が近くにいると、より電気を通しやすい人のほうに流れてしまうことがあるよ

そっか、木も電気を通すんだ！かみなりが落ちるもんね！

静電気をにがすコツ

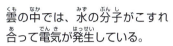手のひら全体でさわる

あれ？？ 考えてみれば、車のタイヤもゴムだよね。電気が流れないんじゃないの？

そうだよね！ 電気が流れないのに、なんでバチッてくるの？

コンクリートも電気を通すから、ドアやかべ、へいなど、ドアノブや車などにふれる前にさわっておけば、バチッてこないよ

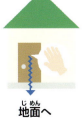地面へ

知りたい君は次のページへGO!!

車はガソリンを積んでいて、静電気の火花が原因で引火してしまう危険があるんだ

だから、タイヤには電気を通しやすい素材をねりこんであって、常に電気を流しているよ

よく気がついたね！

バチッ

電気はタイヤを通じて地面へ

そうなんだ！ガソリンに火がついたらあぶないもんね

さわると体にたまった静電気がゆっくりと流れる

はじめにタッチ

ガソリンスタンドの店員のくつもそうだよ。セルフの給油機には、静電気を飛ばすシートもあるんだ

http://
静電気を流すガソリンスタンド店員のくつを買ってみた！

へー、そんな工夫もされているんだね

静電気のバチッから、いろいろ広がったね！

リテラくんからみんなへ

ネット上のネタも、上手につきあえば、ひとつのことからいろいろ学べるといういい例だね。いろいろな情報があふれているネットだからこそ、常識にとらわれずに新しい発見や事実を知るきっかけになるかもしれないよ。木やコンクリートに高い電圧がかかると電気を通すのは、大人でも知らない人が圧倒的に多いんだ。ほかにも静電気をにがす方法にどんなものがあるのかを探して、日常生活の体験とネットの情報を見比べて、楽しむのもいいよね。

携帯電話は電磁波が出るから、危険？

信じる！

ずっと耳に当てて使うものだから、危険でしょ！

でも、携帯電話の電磁波は危険って記事はいっぱいあるよ

そろそろ問題が出てくるんじゃない？ 脳にしゅよう（がん）ができたっていう記事が出てたし

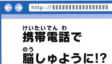
携帯電話で脳しゅように！？

信じない！

もう20年くらい使われているのに、特に問題は起こってないよ

電車の優先席の周りでも使用OKになったのは、だいじょうぶってことだからじゃないの？

通話はダメだけどね

えー！ そうなの？でも、結局何が危険なんだ？

どうなの？リテラくん！

携帯電話の危険性は、ずっと言われているね。電車の優先席は、たしかに混雑時でなければ携帯電話が使用できるようになったけど、それは、心臓の医りょう機器の誤作動の問題がクリアされたからなんd。脳へのえいきょうについては、いろいろと新しい研究発表も出てきているけど、結局どうなんだろう。

ほら、ネットの記事にはこれだけいろんな危険が説明されているよ

つまり、どういうことか見てみようか

- 携帯電話の電磁波は電子レンジの比じゃない！
- 電磁波で脳しゅようの危険！
- がんや白血病になる！
- 遺伝子がこわされる！
- 使うと頭や体がぼうっと熱くなるのを感じる！
- 携帯電話の説明書に「体からはなすように」とある!?

電磁波のえいきょうとされる説

- 脳の一部に熱が集中して温度が上がる
- 頭部の体温が上がる

マイクロ波の熱作用とは

　携帯電話の電磁波は、マイクロ波という種類です。電子レンジにも使われているもので（2巻43ページ）、マイクロ波を浴びた部分が発熱し、体温が上がります(熱作用)。有害説では、携帯電話を耳に当てて使用することで、脳や細胞が加熱されてこわれ、がんや白血病になる危険があるとしています。また、マイクロ波は、ものの中心に電磁波が集まる特ちょうがあるため、脳のある一点に熱が集中することで、大きなえいきょうがあるのではないかという説もあります。

電子レンジと同じと言われるとこわいな！

頭が熱せられるんでしょ！電子レンジの比じゃないこわさだよ！

出力のちがい

じゃあ、電子レンジと携帯電話の出力の差も見てみようか

電子レンジ 500～600W ＞ **携帯電話 0.6～0.8W**

電子レンジの $\frac{1}{1000}$

電子レンジの $\frac{1}{1000}$ なんだ！

携帯電話で体温が上がる!?
約1℃以上、体の深部の体温が上がるには、全身に1kg当たり約4000Wの電磁波を受ける必要があります。日常生活をする中で、それだけの大きな電波のエネルギーを受けることはありえません。

数字で比べてはみたけど、そもそも、電子レンジは密閉された庫内で電磁波は外に出ないから、浴びる量はほぼ0と言ってもいいんだよ

0のものと比べたら、そりゃ「比じゃない」よね

じゃあ、安心していいってこと？

研究報告
ネズミに、1日9時間、携帯電話と同じ波長の電磁波を2年間当て続けたところ、脳にしゅよう（がん）ができた！

9時間

ほぼね。ただ、電磁波については、長年研究が行われているけど、報告内容がさまざまで、結論はまだ出ていないんだ

もっとも新しい研究報告だと、こんなものがあるよ

やっぱり量は少なくても長く電磁波を当て続けたら、危険ってことじゃないの？

うわっ！

わかんなくなってきた！

知りたい君は次のページへGO!!

世界で行われている研究

国としては、携帯機器の販売に関して、一定の基準をもうけて安全としています。しかし、電磁波については、50年以上にわたって、世界中の科学者がさまざまな研究を行っていて、いまだに危険か安全かの結論は出ていません。白血病や脳しゅようが発症したという論文は出ていますが、電磁波との因果関係は、結局はっきりとみとめられていないのが現状です。

研究報告では、脳しゅようができなかったネズミもいるから、まだなんともいえないよ

ネズミの2年は、人間でいえば70〜80年。しかも、毎日9時間浴びせるわけだから、日常生活にそのまま結びつけられないしね

たしかに、そこまでの状況にはなりにくいもんね

それに、ネズミと人間の脳の大きさもちがうわけだから、そのまま人間に当てはめて考えることはできないよ

結局、携帯の電磁波が危険かどうかは、まだよくわからないってことね

むずかしい〜

使いすぎに注意するのは当然だけどね

リテラくんからみんなへ

現在のところ、過度な心配は必要なさそうだね。携帯電話の説明書に、「不安がある場合は体からはなすように」という注意書きがあって、心配する人がいるけど「危険だから」とは書いていないよね。ほとんど危険性はないはずだけど、不安を感じる人もいるから、そういう人ははなすといい、ということだろう。まだ研究中ではあるから、携帯電話の電波が危険である可能性は完全に否定はできないし、完全に安全ではないならさけるべきというのも大事な考え方。でも、その主張のために、ことさら危険をあおるような表現は、かえって情報の質を落とすことにもなる。体に関することでもあるから、いろいろな視点で考えることは大事なことだよ。

つめの白い部分を見れば体調がわかる？

信じる！

つめの白い部分の大きさで体調がわかるんでしょ？

つめの爪半月でわかる健康状態！

どうかな？ 白い部分がちゃんとあったら、もっと元気だったかもよ

寒い時はつめの色が変わるってあるし、それと同じことじゃないの？

信じない！

え〜、わたしは、白い部分がないけど健康だよ

前に白い部分があったけど、別に何も変わらないよ

でも、ネットで見ると、根きょはないって出てくるよ

白い部分が大きいほど健康は根きょがない説

昔からよく言われてきたことだし、体に関することだから、気になるよね。どうなんだろう。

病気や体調の悪さで、つめに変化が表れることがあるのは事実だよ

うわっ、こんなつめ、見たことがないよ！

つめでわかる!? 健康状態

つめの下を流れる血液に異常があったり、栄養が足りなかったりすると、つめの色や形に変化があらわれることがあるといわれている。

色でわかる!?

黄色

肺の病気や鼻の炎症、薬の副作用などが考えられる。

白色

菌の感染や貧血などが考えられる。

つめの周りの赤み

皮ふや筋肉の病気、亜鉛の不足などが考えられる。

形でわかる!?

二枚づめ

鉄不足などによる貧血や栄養不足などが考えられる。

ばち状

指先がふくれた状態。肺の病気や心臓病などが考えられる。

スプーン状

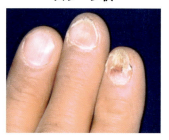

つめがそり返った状態。鉄不足による貧血の可能性が考えられる。

でも、ここまでになったら、つめを見なくても病気だとわかりそう

そうだね。素人が見てわかるほどの異常は、かなり大変な状態だね。そもそも、あくまで、病気の可能性があるかも、というだけだしね

結局、白い部分で体調はわかるの？わからないの？

白いつめの部分は、実は生まれたてのつめなんだよ

できたてのつめは水分が多いため、白っぽく見える。成長すると水分がぬけてとうめいになる。

爪半月

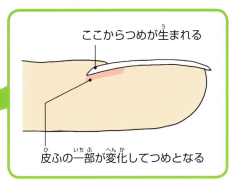

ここからつめが生まれる

皮ふの一部が変化してつめとなる

つめは皮ふの一部

つめは、皮ふの表皮にあたる角質が変化してできます。爪半月はちょうど皮ふがつめに変化したばかりの部分になります。新しいつめが古いつめをおし出すことで、つめはのびていきます。個人差がありますが、1日に平均して0.1mm前後のびます。

つめって皮ふが変化したものなんだ！ できたてだから、おすと少し痛いんだ

じゃあ、人によって爪半月の大きさがちがうのはなんで？

生まれつきだったり、のびるスピードがちがったりするためみたいだね

白い部分は体調には関係がないってことか

半月部分だけではなく、つめだけを見て体調がわかるということはないよ

爪半月の大きさと体調には因果関係はない

爪半月の大きさは生まれつきや遺伝ともいわれていて、体調との因果関係に根きょはありません。ただ、つめがのびるのが速い人は爪半月も大きくなりやすいようです。新陳代謝がよいとのびるのが速いともいわれるため、年れいとともに爪半月が小さくなったりなくなったりすることを体調と結びつける人がいたのではないかと考えられます。

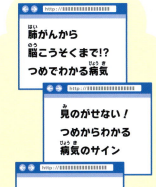

肺がんから脳こうそくまで!? つめでわかる病気

見のがせない！ つめからわかる病気のサイン

つめで病気まるわかり

ネットだと、これで病気がわかるとあおるような情報が多いけど、そういうのは信じないほうがいいよ

実は、つめには子どもが特に気をつけないといけないことがあるんだ！

え〜！ これだけ見るとつめだけで、病気がわかるって感じなのに

知りたい君は次のページへGO!!

おしゃれ障害

おしゃれは楽しいですが、やりすぎには注意しましょう。

 マニキュアや除光液は、つめに負担をかけているんだ

 うわっ！ こんなことになっちゃうんだ！

子どものつめはせんさい

子どものつめは、大人よりうすくて弱いので、傷ついたり、かぶれたりしやすいのです。また、つめは水分を12～16％ほどふくんでいますが、マニキュアはその水分をとってしまいます。使いすぎると、つめの水分がぬけて乾燥し、ざらざらになります。さらに、除光液の蒸気を吸うことで、頭痛や気管支炎などを引き起こす危険があります。つけづめの場合も、使いすぎると接着剤によって、あま皮（つめの根元を保護する皮ふ）がかぶれてしまいます。

マニキュアや除光液などによるえいきょう

つめのまわりのかぶれ

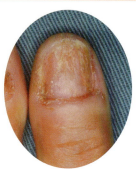
つめのかぶれ

菌の感染による変色

 子どものつめは、傷つくと元にもどらなかったり、アレルギーになったりする危険もあるから、使用はおすすめできないな

 つめをきれいにしておくだけでもおしゃれだよね

リテラくんからみんなへ

つめと体調に関しては、たくさんの人を診察している医師ならば診断の材料にすることもあるだろうけど、その場合も、つめだけを見ているわけじゃないよ。診断は、問診や検査結果など別の判断材料と合わせて行うものだからね。ネットではたくさんの情報が出ているけど、病状などが断定的に書かれているようなものは信じないように気をつけよう。

地震には、まずは防災グッズ？

信じる！

それはそーでしょ！ないと困るし、ネットでもいろいろ出てるよ

防災グッズで地震対策

テレビでも学校でも、防災グッズの準備が大事！ って言ってるよ。準備するのも大変だから、まずやらないと

ひなんしたあとのほうが長くなるんだから、その準備をしておくほうが先だよ

信じない！

それはそうだと思うけど、わかっていても用意してない人が多いよ！

それよりも、ひなん経路を知っておくとか、家族との待ち合わせを決めておくとかのほうが先だと思うわ

えー？ あっ、もっと大事なのは、どんな被害が起こるのか、情報を集めておくことじゃない？「まずは」なんだからそれでしょ！

どうなの？リテラくん！

どっちも大事なことを言っているね。すべて大事なことではあるんだ。ただ、あれだけ被害が大きかった東日本大震災が起きたことで、逆に見落とされがちになった大問題があるよ。わかるかな？

「首都直下型地震や南海トラフ地震がくるといわれているし、備えをしておくのは大事だよ」

「でしょ！ ひなんする時のことを考えたら、先に準備をしないと！」

「家族と会えなくなるかもしれないんだから、ひなん場所を決めておいたほうが安心だよ」

「ふたりとも、大事なことを忘れているよ。防災グッズもひなん場所も、必要になるのはいつ？」

「え？ いつって、地震が起きたらでしょ」

「地震で家にいられなくなって外に出ないといけなくなった時？」

首都直下型地震・南海トラフ地震

首都圏周辺を震源地とするマグニチュード7クラスの大地震や、静岡県の駿河湾から九州沖の海底にあるみぞ（南海トラフ）を震源地とするマグニチュード8～9クラスの巨大地震のこと。今後30年以内に起こる可能性が70％といわれていて、地震への備えの大切さがさけばれている。

「そうだよね。じゃあ、これを見てごらん」

阪神淡路大震災（1996年）でなくなった人の原因

- 焼死や熱傷 9％
- その他 14％
- 家具や家屋がたおれたことによるちっ息や圧死 77％

「ほとんどが、家や家具の下じきになって、なくなっているんだ！」

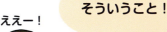

それは……
映像を見終わったあとに、自分の子どもの寝顔写真を見てもらうこと

ええー!?そんなことで?

本当?

大切な人があぶないと思うと、動けるんだね

わたしも、ペットのミャーがあぶないって言われたらすぐやるかも

こんな取り組みをしている小学校もあるよ

自分のことは楽観視してしまうが大切な人が危険だとわかると……

人は、危険を伝えられても、無意識に自分自身はだいじょうぶだと都合よく考える心理が働くといわれています。そこで、番組では、集まった人に自分の子どもの写真を持ってきてもらい、地震の映像を見せたあとに返しました。すると、自分の子どもの写真を見た親は、子どもの上に家具がたおれたら大変だと、危険を身近なこととして実感でき、すぐに家具どめを買いに行くなど、行動に移す人が増えたのです。

子どもが大人を動かす

授業で防災について指導。
↓
こわさを知った子どもが親にうったえる。
↓
子どもを死なせるわけにいかないと、親が行動に移す家庭が増えた!

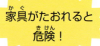
家具がたおれると危険!

たおれたら死んじゃうよ!

リテラくんからみんなへ

東日本大震災や熊本地震などで、家屋や家具がたおれる被害もあったことは知っていながらも、テレビでは避難後の大変さを目にすることが多かったから、地震の備えといえば、まずひなん後の備えを意識するようになったといえる。地震による被害はいろいろあると思うけど、まずは命を守ることが何より大事。備えておけば助かることはやっておこう。死のこわさを素直に感じられるみんなが、親や周りの大人の人たちにその気持ちを伝えて、生きるための備えをしていこう。家具どめをひとつでもやれば、それがきっかけとなり、ほかの家具も気になってやりたくなるよ。

多少雑音があったほうが集中できる？

信じる！

お兄ちゃんは、きっさ店のほうが集中して勉強できるって言ってるよ

ネットだと、集中力を高める音楽CDとかいっぱいあるし、音があったほうがいいんだよ

集中力を高めるには音楽が有効

電車で本を読むと、集中して乗りすごしそうになるよ！ 静かな図書館だとねむくなるのに

信じない！

えー！ ウソだー!?
音楽とか人の声が気になっちゃうよ！

静かな環境でないと集中できないって記事も、いっぱい出てくるよ！

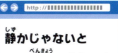

静かじゃないと勉強できない！

ねむくなるのは、静かだからじゃなくて、ただねむかっただけじゃないの？

どうなの？リテラくん！

ネット上では、両方の意見が出ているね。そうなると、どちらが正しいということではないのかもしれない。集中するとはどういうことかをつきつめると、自分に合った集中力を高めるコツがつかめるかもしれないよ。

集中している状態の脳を見てみよう

集中している時、脳はどういう状態になっているのかな？

どちらが集中している脳かな？

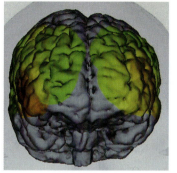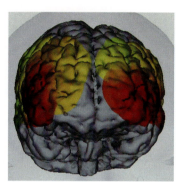

脳がよく働いているほうが、色がこくなるよ

じゃあ、右のほうが集中しているってことでしょ！ こい赤色になっているし

実は、集中しているのは、左の脳なんだ！

ええー!? 脳が働いていないように見えるけど

右の脳はこんな状態！

会話／物音／雑音

あれもこれも気になる〜!!

聞く！ 計算する！ 記憶する！ 動く！ 見る！

全力で活動

なんかすごい状態だね

そっか！ 脳が周り全部に反応していないほうがいいんだ！

そう！だから、集中するには、今必要のない脳の活動をオフにすることが大事なんだ

脳は、見たり聞いたり感じたりと、いろいろな活動をしているよね。右の脳はそのすべてががんばって活動しちゃっている状態なんだ

脳の活動をオフってどういうこと？

たとえば、人の皮ふは常に衣服にふれていて、その情報を脳に送り続けています。だからといってずっと衣服の感触を気にしているわけではありませんよね。衣服を感じていない時は、脳が衣服を感じる活動をしていないということ。つまりこれが活動をオフにしている状態となります。

ゲームに夢中になっているとおなかがすかないけど、終わると急にすくのも、そういうこと？

そうだね。急にすいたわけじゃなくて、ゲームをしている間は、脳が空腹感をオフにしていて、ゲームが終わって、オンになったということだね

でも、どうやったら、不要な活動をオフにできるの？

そう！ そこがポイントだよね！ 残念ながら、「気にしないようにしよう」と思えば思うほど、気になるのが脳の習性なんだ

そこで出てくるのが音だよ！

音によってほかの音を消す

ガタンガタン　気になる音や会話　そうだよね〜あのゲームさー！

ブロック!!

川の音などの自然の音　意味のない雑音

何か聞こえるかな〜？

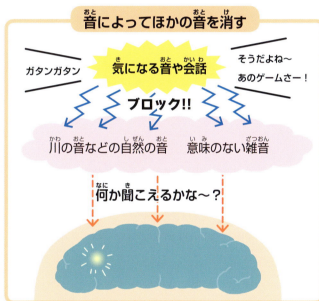

へー！ 気にしないようにするよりも、どーでもいい音でかくしちゃうほうがてっとり早いってことなんだ

好きな音楽でもいいの？

リラックスするにはいいけど、無意識にメロディーを追ってしまうようだと、そっちがオンになって集中しにくいかな

そういう意味で、自然の音や雑音のほうが一般的にはいいといえるけど、これが絶対というわけじゃないよ

どーゆーこと？
次のページへGO!!

「つい」をどれだけブロックできるか

好きなことやおもしろいことがあると、「ついつい」見てしまいます。興味のあるものだけを見て、周りの動きや音などが気にならなくなる、これが集中しているということです。逆に、周りにある「つい」気になるものをどれだけ気にならない状態にできるかが、脳の不要な活動のオフにつながります。集中力が高い人は、「つい」をブロックするコツを知っている人だといえます。

「集中しよう、集中しよう」と考えるよりも、まずは「ついつい集中している」状態を多く体験して、その感覚を覚えることです。

> 集中するための特効薬があるわけじゃないし、何で脳の活動をオフにできるかは、人によってちがうからね

> ネットには山ほど情報があるから、自分がこれならオフにできそうという視点で探すといいかもね

> 「集中力」で探すとたくさんあるね！

> 集中力を高める魔法の音楽だって！
> そんなものまで売ってるんだねホントかなー？

> この暗算の達人は、あえて子どもが多くてうるさい時間帯のそろばん塾に行って、集中する訓練をしたんだって！

リテラくんからみんなへ

集中力については、いろいろな立場の人がこれまたいろいろな情報を出しているよね。それは、集中することがそれだけ難しく、「だれもが困っている」ことのうら返しともいえるね。ただし、「この方法が有効だ」と紹介する情報は、「みんなが飛びつきたくなる」ことをねらって書かれたもので、だれにとっても有効な方法ではないよ。それを知っておけば、ネットも自分にとって必要ない情報を見分けるためのいい練習の場になるかもしれないね。

化学物質＊は危険なので、とにかくさけるべき？

信じる！

有害物質がたくさんあるんだから、さけたほうがいいでしょ！

> http://
> **化学物質は危険！**
> ・工場排水　・排気ガス　・PM2.5

新しい化学物質だっていっぱいあるよ。ほら、被害が出ている人もいるし、やっぱりこわいよ

> http://
> **見えない危険！**
> **化学物質過敏症**

ちょっとの量でも危険なものがあるっていうし、絶対にさけないと！

信じない！

昔は公害で病気になった人も多かったらしいけど、今はそんなに身の回りに出回っているとは思えないよ

気持ちはわかるけど……。でも、ほとんどの人は何ともないし、危険だからってすべてさけるのは無理だよ！

うーん、あれもこれも気にしだしたら、ジャングルに住むしかなくなるんじゃない？

どうなの？リテラくん！

化学物質の中でも有害性がわかっているものについては、規制が進んでいるのはたしかだね。でも、それだけで安全かどうか……。これは、科学者でも意見が分かれる大問題なんだ。

＊酸素、水素、炭素、鉄、なまりなどの元素やそれらが合わさった化合物。自然界にもともと存在している物質だが、ここでは、主に工業的に作られたり使われたりして、空気や水、土の中に存在する有害な物質の意味で使っている。

まず知っておこう
化学物質 vs 人類

便利な生活のために化学物質は必要ですが、それと引きかえに多くの健康被害をもたらしてきました。

化学物質によって、大きな被害をもたらしたものを見てみよう

およそ60年前、1950年代から60年代の日本の経済が大きく発展した時代に、起きた公害だよ

四日市ぜんそく
三重県四日市のうめ立て地に建てられた、石油化学コンビナートから出るけむりに亜硫酸ガスという有害物質がふくまれていて、それを吸った多くの人たちがぜんそくなどの病気になった。

水俣病
熊本県水俣市で、工場から出た排水にふくまれていたメチル水銀という有害物質が海に流れ、汚染された魚を食べていた人たちに、手足のまひや言語障害などの症状が出た。重症の少女は、目も見えず、体を動かすこともできなかった。

イタイイタイ病
富山県を流れる神通川の上流にある鉱山から出た排水にカドミウムという金属がふくまれていて、川や田畑を汚染。その地の水や汚染された農地に実ったお米などを食べていた人たちは、体の痛みに苦しんだ。かん者は骨がもろくなり、ちょっとしたことで骨折した。

ほら、やっぱり危険なんだよ！

でも、そんなに大きい被害って、今は聞かないよね

そうだね、君たちのお父さんやおじいさんが子どものころから、被害が出るたびに規制が進められてきたからね

でも、ダイオキシン*など、新しい問題が次つぎに出てくるから、そのたびに、規制が行われているんだ

*塩素と炭素をふくんだ物質を燃やすことで発生する物質。それが雨によって土や海などを汚染し、その農作物や魚を食べることで、健康に悪いえいきょうがあるとされている。規制によって、今はへっている。

化学物質はたくさん体に取りこんじゃうと、症状が出るんでしょ

たしかに、化学物質の「毒性」に関しては、ある量をこえてとることでひどい症状が出ることが多いね。だから、物質ごとに細かく安全基準値が定められているんだ

でも、新しいタイプとして、ちょっとの量でも、不調をうったえる人もいることがわかってきたんだ

化学物質過敏症

化学物質過敏症は、ごくわずかな化学物質でも、不快な症状が出るというもの。過去に大量の化学物質に接していたり、ちょっとの量でも継続的に接したりすることで、その化学物質に再び接した時に、症状が出るとされる。どの化学物質に反応するのか、どれだけの量にどれくらい接したらどんな症状が出るのかなどは、人によってちがう。

いろいろな化学物質：タバコのけむり／殺虫剤／塗料やシンナー／排気ガス／芳香剤／かべ紙の接着剤 など

どれかに反応

症状はさまざま：めまい／頭痛／のどの痛み／くしゃみ／ぜんそく／耳鳴り／どうき／げり／はだあれ／手足の冷え

大変だ！ どんな人がなっちゃうの？

どれだけの量でえいきょうが出るかは、人によるんだ

花粉症などのアレルギーと似ているね

化学物質

同じ量を浴びても……
症状が出る／平気

浴びた量がその人にとっての限界量をこえてあふれると、その後はどんなに少量でも浴びると症状が出るようになるといわれる

でも、やっぱり浴びる量が問題なんでしょ。なるべくさければいいってことじゃないの？

いや、そうとは限らないよ。すごく少ない量でも危険なこともあるんだ

どーゆーこと？次のページへGO!!

環境ホルモンっていう言葉は聞いたことがある？

え？　知らない

ホルモンって、体の中でできるものでしょ？

環境ホルモン*のえいきょう

環境ホルモンは、殺虫剤や農薬、合成洗剤などにふくまれる成分で、体の中で分ぴつされるホルモンと同じような働きをしてしまう化学物質です。そのため、体の中に入ると、ホルモンに代わって勝手に器官や組織に働きかけ、子どもを産む機能に悪えいきょうをおよぼすなど、正常な成長や発達をさまたげてしまうおそれがあるといわれています。

ホルモンとは

人がつくるホルモンも化学物質で、脳やすい臓など、特定の器官でつくられて、全身に運ばれる。ホルモンは、体のさまざまな器官の細胞に働きかけ、成長や発達などをコントロールする役割がある。つくられるホルモンは100種類以上あり、そのホルモンごとに、働きかける器官が決まっている。

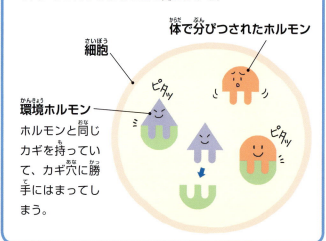

ホルモンはカギのような形をしていて、各器官の細胞のカギ穴にぴったりはまることで働きかける。

細胞

体で分ぴつされたホルモン

環境ホルモン
ホルモンと同じカギを持っていて、カギ穴に勝手にはまってしまう。

環境ホルモンは、25mプールに1てき落としただけの濃度でもえいきょうがあるものもあるから、ちょっとならOKとはいえないね

じゃあ、やっぱりジャングルとかに住むしかないのかな

人へのえいきょうはまだ研究中だが、野生生物にはえいきょうが疑われる事例が出ている。

- アザラシやシロイルカの数の減少
- 体が変形した羊が生まれた

- メスのイボニシ（貝）のオス化
- オスのニジマスのメス化

でも、すっかり聞かなくなってるんだから、もう問題ないんじゃないの？

*体内の正常なホルモンの作用にえいきょうをあたえる「内分ぴつかく乱物質」をわかりやすく伝えるための別名。

化学物質への取り組み

危険とされる化学物質は、国でも規制をしていますが、次つぎと新しい問題が出てくるため、すべてを規制できないのが現状です。個人では、「なるべくさける」以外にしようがないことが多いですが、その中で、業界では、自主的に危険とされるものは使わないなどの取り組みも行われています。消費者として環境に配慮した商品を選ぶことで、それが売れれば、そういう商品が開発されやすくなります。できることを考えてみるといいですね。

さまざまな取り組み

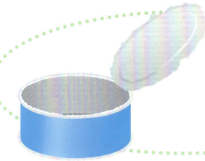
缶の素材に使われている環境ホルモンが熱で溶け出さないように、コーティングされている

食品をあつかう手ぶくろや口に入れることの多い乳幼児のおもちゃには、環境ホルモンのおそれのある材料を使用しない

ラップやフィルム材には、燃やしてもダイオキシンが発生しない素材を使用する

建物で使われる塗料や接着剤には、人が吸うと有害な物質がふくまれていたが、安全なものが開発されている

そうか、危険なものは使っていなければ、安心だよね

ただ、なかには、売れなくなると困るから、危険の可能性があるかもしれないだけなら、「害はない」と主張したり、それをかばうような発表をする研究者もいたよ

そんなことされたら、こっちはさけようがないじゃん！

だから、子孫の代で被害が出るかもしれないなど、少しでも危険があるなら、使わずにさけるべきという考え方も大事なんだ

環境ホルモンなんて聞いたことがなかったのは、問題が起こらなくする努力があったからなんだね

そうだね、でも、そーとも限らないんだよね

 そっか！

どーゆーこと？
次のページへGO!!

わからないことだらけの今

科学の力をもってしてもわからないことの多い今、見える情報だけが真実ではないことを知っておこう。

環境ホルモンだけじゃなく、化学物質の問題はわからないことだらけで、今も研究が続いているよ

取り上げられないから、目にしなかっただけなんだ

あれもこれも問題は解決してないんだね

問題がなくなったわけではなく……

人が飛びつきそうな情報を探して取り上げていたマスコミは、最近は、ネット上で関心が高いものを拾って取り上げることが増えてきました。逆にネットの情報も、マスコミが紹介したものに引きずられるような後追い情報が多いです。結局、マスコミもネットも、よく調べないとわからないことは二の次になり、人の関心を引くことばかりが取り上げられています。人びとの幸せなくらしにとって大事な情報が見落とされる可能性があるのが、今のネット時代だといえます。

排気ガスなどをふくんだ雨がふる
酸性雨問題も

排気ガスと紫外線によって有害物質が生じる
光化学スモッグ問題も

中国からすすをふくんだ有害物質が飛んでくる
PM2.5問題も

などなど **問題は終わっていない！**

その情報を拡散する人が多いかどうかでも、出回る情報が変わってしまうってことだよね

そうだね。簡単に情報を見られることが、逆に何が真実かを見えにくくしているんだね

リテラくんからみんなへ

マスコミで取り上げられないから、問題がなくなったというわけでも、ネット上で多くの人が話題にしていないから、問題自体が消えたわけではないものが多いんだ。「よく見かける情報」にまどわされないで、「事の本質とは何か」を自分の頭で考えることが大事だよ。そのための材料は、ネット上に実はたくさんあるんだ。取り上げられなくなった問題も、検索すれば出てくるはずだし、見えるものだけに引きずられずに、いろいろなことに関心を持って、上手にネットを活用しよう。

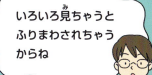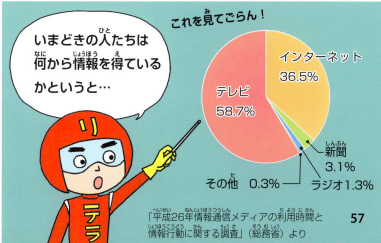

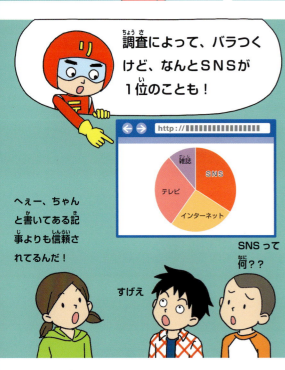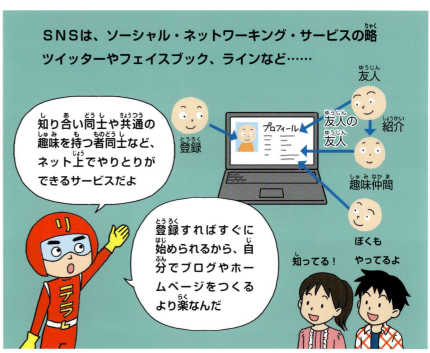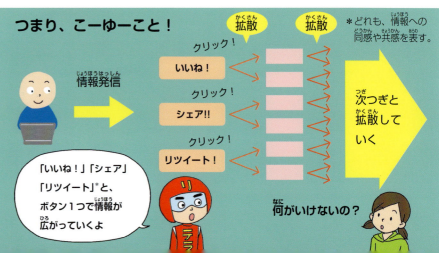

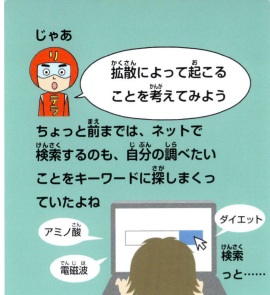

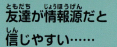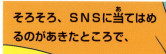

さくいん

あ

- あせ ・・・・・・・・ 7、8、9、10、15、16、17、25
- イタイイタイ病 ・・・・・・・・・ 52
- エコ ・・・・・・・・・・・・・ 15、17
- 塩分 ・・・・・・・・ 7、9、10、17
- おしゃれ障害 ・・・・・・・・・・ 42

か

- 蚊 ・・・・ 23、24、25、26、27、28
- 外耳 ・・・・・・・・・・・・・・・ 12
- 外耳道 ・・・・・・・・・・・・ 12、13
- 化学物質 51、52、53、54、55、56
- 化学物質過敏症 ・・・・・・・・・ 53
- かぎゅう ・・・・・・・・・・・・ 12
- 拡散 ・・・・・・・ 27、28、58、59、60
- 角質 ・・・・・・・・・・・・・・・ 41
- 家具どめ ・・・・・・・・・・・・ 46
- 角膜 ・・・・・・・・・・・・・・・ 20
- ガソリンスタンド ・・・・・・・・ 34
- 花粉症 ・・・・・・・・・・・・・・ 53
- かみなり ・・・・・・・・・・ 31、33
- 眼球 ・・・・・・・・・・・・ 20、21
- 環境ホルモン ・・・・・・ 54、55、56
- 汗腺 ・・・・・・・・・・・・ 10、17
- 感染症 ・・・・・・・・・・・ 26、28
- 黄ばみ ・・・・・・・・・・・・・・ 18
- 牛乳 ・・・・・・・・・・・・・・・ 30
- 近視 ・・・・・・・・・・・・ 20、22
- 携帯電話 ・・・・・・ 35、36、37、38
- ゲーム ・・・・・・・・・・・ 22、49
- 検索 ・・・・・・・・・・ 30、56、59
- 公害 ・・・・・・・・・・・・ 51、52
- 光化学スモッグ ・・・・・・・・・ 56
- 高血圧 ・・・・・・・・・・・・・・ 10
- こまく ・・・・・・・・・・・・・・ 12
- コンクリート ・・・・・・・・ 31、33

さ

- 雑音 ・・・・・・・・・・・・ 47、49
- 酸性雨 ・・・・・・・・・・・・・・ 56
- シェア ・・・・・・・・・ 58、59、60
- 耳介 ・・・・・・・・・・・・・・・ 12
- 耳小骨 ・・・・・・・・・・・・・・ 12
- 自浄作用 ・・・・・・・・・・・・・ 13
- 地震 ・・・・・・・・・ 43、44、45、46
- 自然の音 ・・・・・・・・・・・・・ 49
- 集中 ・・・・・・・・・ 47、48、49、50
- 首都直下型地震 ・・・・・・・・・ 44
- 除光液 ・・・・・・・・・・・・・・ 42
- 視力 ・・・・・・・・・・ 19、21、22
- 水晶体 ・・・・・・・・・・・ 20、21
- スポーツ飲料 ・・・・・・ 7、8、9、10
- 静電気 ・・・・・・・ 31、32、33、34
- 洗たく ・・・・・・・・・ 15、17、18
- 爪半月 ・・・・・・・・・・・・ 39、41
- ソーシャル・ネットワーキング・サービス ・・・・・・・・・・・・・・・・ 58

た

- ダイオキシン ・・・・・・・・・・ 52
- タイヤ ・・・・・・・・・・・・ 33、34
- 炭水化物 ・・・・・・・・・・ 8、9、29
- 中耳 ・・・・・・・・・・・・・・・ 12
- 中耳炎 ・・・・・・・・・・・・ 11、12
- つめ ・・・・・・・・・ 39、40、41、42
- デング熱 ・・・・・・・・・・・・・ 26
- 電磁波 ・・・・・・・ 35、36、37、38
- 電子レンジ ・・・・・・・・・ 36、37
- 瞳こう ・・・・・・・・・・・・・・ 21
- 糖尿病 ・・・・・・・・・・・・ 9、29
- 糖分 ・・・・・・・・・・・・ 8、9、10
- ドライイースト ・・・・・・・・・ 24

な

- 内耳 ・・・・・・・・・・・・・・・ 12
- 内分ぴつかく乱物質 ・・・・・・・ 54
- 南海トラフ地震 ・・・・・・・・・ 44
- 難ちょう ・・・・・・・・・・・・・ 13
- 二酸化炭素 ・・・ 23、24、25、26、28
- 熱作用 ・・・・・・・・・・・・・・ 36
- 熱中症 ・・・・・・・・・ 7、8、9、10
- 脳 ・・・・・・・・・・・・ 48、49、50
- 脳しゅよう ・・・・・・・・ 35、36、38

は

- 白血病 ・・・・・・・・・・・・ 36、38
- 阪神淡路大震災 ・・・・・・・・・ 44
- 東日本大震災 ・・・・・・・ 43、45、46
- ひなん経路 ・・・・・・・・・・・ 43
- フィリピン ・・・・・・・・・ 26、27
- 冬のあせ ・・・・・・・・・・ 15、17
- ペットボトル ・・ 23、24、25、26、27
- 防災グッズ ・・・・・・・・ 43、44、45
- 放電 ・・・・・・・・・・・・・・・ 32
- ホルモン ・・・・・・・・・・・・・ 54

ま

- マイクロ波 ・・・・・・・・・・・・ 36
- マニキュア ・・・・・・・・・・・・ 42
- 水俣病 ・・・・・・・・・・・・・・ 52
- 耳あか ・・・・・・・・・ 11、12、13、14
- 耳かき ・・・・・・・・・・ 11、13、14
- 耳のしくみ ・・・・・・・・・・・ 12
- むし歯 ・・・・・・・・・・・・・・ 9
- 綿ぼう ・・・・・・・・・・・ 13、14
- 網膜 ・・・・・・・・・・・・・・・ 20
- 毛様体筋 ・・・・・・・・・・・・・ 20

や

- 有害物質 ・・・・・・・・・ 51、52、56
- 四日市ぜんそく ・・・・・・・・・ 52

ら

- リツイート ・・・・・・・・・・・ 58

A～Z

- PM2.5 ・・・・・・・・・・・ 51、56
- SNS ・・・・ 2、3、27、57、58、60

おわりに

北折 一

シリーズ全3巻を読んでみて、どんな感想を持たれたでしょうか？

"情報を流す人の中に、自分の利益だけを考えている人もいることがわかって、複雑な気持ちになった"

……でしょうか。この本の筆者として、それはうれしい感想です。

"ネットの情報は何が正しいか選ぶのが難しくて、なんだかわかんなくなっちゃった"

……でしょうか。筆者として、これもうれしい感想です。
もちろん、皆さんを混乱させようとして書いたわけではありませんが。

「はじめに」のところでは、3巻とも、便利な時代になりましたね！　という書き出しにしました。
そう、本当にものすご〜く便利な時代なのです。「知る」ということにおいては。

「知る」がすごく簡単にできるようになったのと引きかえに、おろそかになるのが、「考える」です。

せっかく「考えるための材料」が簡単に手に入るようになったのに……。
考えもしないまま、あたかも知識が自分のものになったかのように
カン違いしてしまいがちなのが、ネット情報なのです。

考える材料は、0コンマ何秒かで手に入るんだから、
考えてください、
それをパソコンまかせにしないで！

せっかく立派な脳みそを持って生まれてきたのですから。
どうぞたくさん考えてください！！それが、人間の脳を退化させないために
一番大事なことです。そして、考えたことをそのままネットに流すのではなく、
たくさんお友達や家族と話してください。話すことで、脳はますますきたえられます。
そしてそして……。
もしも情報をネットに流したくなったら、本当に誰かのためになる情報だけを、
よりすぐって流してください。
そんなことができる人が少しでも増えたら、
それが筆者として一番うれしいことです。

【あとがき：おとなの皆さまへ】

「リテラシーなんて言葉は、本来はいらない言葉だ」……NHKで「ためしてガッテン」の制作を始めて何年かはそう思っていました。マスコミが本当に正しくて有益な情報だけを流せばよいワケですから。残念ながら、必ずしもそうではないマスコミ情報が増えていくのを目の当たりにしました。そればかりか、インターネットが、恐ろしい勢いでアヤシイ情報を垂れ流すようにもなり、世の中の状況が「リテラシー」の重要度を高めてしまいました。
「まえがき」でも書いた通り、科学的な視点では「どちらともいえない情報」が多いのが現実ですが、シリーズを通して、あえて論争が収まっていない案件も取り上げました。それらに関しては、ネット情報を見た人がますます話に尾ひれをつけて拡散しているケースがよくあるからです。なかには自分とは違う考え方を中傷する書き方で、成長期の子どもたちには見せたくないようなものも散見されます。そんな中で、ごく一般の人が知らず知らずそれに加担してしまう状況が続けば、ますます何を信じてよいかが本当にわからなくなってもしまうでしょう。そうなると、情報操作に長けた人が、世論まで操るようになってしまうかもしれません。
科学は万能ではありません。何が正しいのかを、科学の力だけでは断じることはできません。が、「科学的視点」を持って「よく考える」ことができるかどうかは、これからの複雑な世の中を生き抜くためには、重要な力になるはずです。本書を通じて、ちょっと科学っぽいざっくばらんな会話が大人と子どもの間で生まれることを願ってやみません。「受け取る側の受け取り方が変われば、ネット情報の質も少しはよくなるかもしれない、人を幸せにしてくれる情報が増えるかもしれない」……これが、いらない言葉だと思っていた「リテラシー」について、私がこんな形の本を世に出すことを提案してみた、一番の理由です。

著者 サイエンスライター
北折 一（きたおり はじめ）

1964年愛知県生まれ。元NHK科学・環境番組部専任ディレクター、「ためしてガッテン」演出担当デスク。小中学生の3人の子どもがいる。

1987年NHKに入局後、静岡放送局などを経て、科学バラエティ番組「ためしてガッテン」の立ち上げに参加し、18年間にわたって同番組の制作を続ける。2000年にマスコミ界初の「消費生活アドバイザー（経済産業大臣認定）」資格取得。2013年にNHKを退職し、現在は、おもに健康教育の分野で「人々のよりよい生活のお手伝い」をめざして、「健康情報の読み解き方・伝え方」「生活習慣病予防のダイエット」などの講演を行うほか、執筆活動も。自らの減量経験をもとに出したダイエット本が話題になる。

著書に、『最新版・死なないぞダイエット』『やせるスイッチ 太るスイッチ』（KADOKAWA）、『食育！ビックリ大図典』（東山書房）、『死なない！生きかた ～学校じゃあ教えちゃくれない予防医療～』（東京書籍）ほか多数。
（ホームページ　http://www.kitaori.jp/Top.html）

写真提供・協力

11-14ページ取材協力／耳かきは危険なので、やってはいけない？：前千葉県立保健医療大学教授・工藤典代先生

21ページ写真／本を読むときの目の状態・19-22ページ取材協力：西葛西・井上眼科病院名誉顧問・宮永嘉隆先生

39-41ページ取材協力／つめの白い部分を見れば体調がわかる？：東皮フ科医院 院長・東 禹彦先生

40ページ写真3点／東 禹彦：内臓障害を疑う爪の異常は？、皮膚臨床53:1553-1557,2011.金原出版

40ページ写真3点／東 禹彦：病気の早期発見につながる 爪で見る健康チェック、中学保健ニュース 1454,2010.少年写真新聞社

42ページ写真・取材協力／おしゃれ障害の症例：岡村皮フ科医院院長・岡村理栄子先生

48ページ画像／どちらが集中している脳かな？ 脳のfMRI画像：諏訪東京理科大学共通教育センター教授・篠原菊紀先生

48ページ画像／どちらが集中している脳かな？ 脳のfMRI画像：「NHK ためしてガッテン 脳もビックリ！集中力アップ大作戦」2007年放送、写真提供NHK

52ページ写真／四日市ぜんそくの被害者：報道写真家・樋口健二先生

52ページ写真／水俣病の被害者：報道写真家・桑原史成先生

52ページ写真／イタイイタイ病の被害者：富山県立イタイイタイ病資料館

校正　石井理抄子・古川妹
撮影　後藤祐也
編集　松尾由紀子
編集長　野本雅央

ネットで見たけど これってホント？
③ 生活のメディアリテラシー

2016年11月29日　初版第1刷発行
2020年11月30日　初版第3刷発行

著者	北折 一
制作	ニシ工芸株式会社
編集	ニシ工芸株式会社（高瀬和也・佐々木裕）田口純子
イラスト	松本奈緒美
装丁・本文デザイン・DTP	ニシ工芸株式会社（小林友利香）
発行人	松本 恒
発行所	株式会社少年写真新聞社　〒102-8232 東京都千代田区九段南4-7-16 市ヶ谷KTビルI　TEL 03-3264-2624　FAX 03-5276-7785　URL https://www.schoolpress.co.jp
印刷所	大日本印刷株式会社

© Hajime Kitaori 2016 Printed in Japan
ISBN978-4-87981-579-8 C8636　NDC374

本書を無断で複写、複製、転載、デジタルデータ化することを禁じます。
乱丁・落丁本はお取り替えいたします。定価はカバーに表示してあります。